U0627310

银行业金融知识读本

农村居民篇

中国银行业监督管理委员会
公众教育服务中心◎编著

中国金融出版社

责任编辑：吕　楠

责任校对：孙　蕊

责任印制：程　颖

图书在版编目（CIP）数据

银行业金融知识读本农村居民篇（Yinhangye Jinrong Zhishi Duben Nongcun Juminpian）/
中国银行业监督管理委员会公众教育服务中心编著 .—北京：中国金融出版社，2016.11
ISBN 978−7−5049−8184−4

Ⅰ.①银… Ⅱ.①中… Ⅲ.①农民—金融—通俗读物
Ⅳ.① F83−49

中国版本图书馆 CIP 数据核字 (2015) 第 261630 号

出版
发行　**中国金融出版社**

社址　　北京市丰台区益泽路 2 号

市场开发部　　（010）66024766，63805472，63439533（传真）
网 上 书 店　www.cfph.cn
　　　　　　　（010）66024766，63372837（传真）
读者服务部　　（010）66070833，62568380

邮编　100071

经销　　新华书店

印刷　　天津市银博印刷集团有限公司

尺寸　　185 毫米 × 260 毫米

印张　　4.5

字数　　54 千

版次　　2016 年 11 月第 1 版

印次　　2016 年 11 月第 1 次印刷

定价　　29.00 元

ISBN 978−7−5049−8184−4 / F.7744

如出现印装错误本社负责调换　联系电话（010）63263947

本书编委会

牛小敏　邓智毅　田新宽　冯　刚　朱　林　向巴泽西

刘　元　刘宏涛　闫建东　许航航　杨元元　张永军

陈　捷　陈　樟　林万宝　赵江平　胡　雪　侯妍妍

贾晓雯　徐一臻　盛　夏　赖　恽　管申一

（排名顺序不分先后，以姓氏笔画排序）

▶▶ 目 录

1. 储蓄存款

　　储蓄存款是农民朋友在银行办理最多的业务，与日常生活紧密相关。通俗地讲，储蓄存款就是将个人的积蓄存入银行机构，并可获得一定的利息收益。银行在办理存款业务时，遵循"存款自愿、取款自由、存款有息、为储户保密"的原则。

1.1 合理使用存款类型充分保值、增值

　　人民币存款可以分为活期存款和定期存款两种类型。其中，定期存款又分为整存整取、零存整取、存本取息、定活两便、通知存款等。外币存款的种类有活期存款、整存整取、通知存款等。具体如下：

1.1.1 活期存款

活期存款是指不确定存期，随时存取、存取金额不限的一种储蓄方式。活期存款存取自由，灵活方便，但利率较低，适用于农民朋友日常生活中可能随时使用资金的存储。

活期存款

1.1.2 整存整取

整存整取是指一次性存入本金并约定固定的存期，到期银行一并给付本金与利息的储蓄方式。虽然存期内可以提前支取，但提前支取部分视同活期存款，可能带来部分利息损失。整存整取适用于农民朋友一段时间闲置资金的储蓄，例如儿女未来的教育经费、结婚费用等。

整存   整取

1.1.3 零存整取

零存整取是指储户与银行约定一个期限，在约定期间按开户时的约定金额，将资金分期固定存入账户，到期时银行按相应档次的利率将本金与利息一并付给储户的储蓄方式。常见的教育储蓄就是零存整取储蓄的一种。零存整取对于在外打工、每月有较为固定收入的农民朋友比较合适。

零存   整取

1.1.4 整存零取

整存零取是指储户与银行约定存期和支取期限，本金一次性存入、分次支取，利息于期满结清的储蓄方式。目前该种储蓄类型应用较少。整存零取适合于拥有一笔可观的收入结余，同时需要供养家人（子女上学、赡养老人等）的农民朋友。

整存   零取

1.1.5 定活两便

定活两便是指不约定存期，一次性存入本金，可随时一次性支取本金和利息的储蓄方式。定活两便既有活期存款的灵活性，又能享受比活期存款高的利息，对于一些难以把握准确使用时间的资金比较合适。

1.1.6 个人通知储蓄存款

个人通知储蓄存款是指不约定存期，取款前需事先通知银行支取日期和金额方能支取的储蓄方式。个人通知储蓄存款利率相对比较高，但每次取款时需要提前通知银行，适合资金量较大且资金使用时间不确定的农民朋友。

小贴士　农民朋友去银行柜台办理相关业务时，可以通过业务回单（包括个人开户申请书、个人客户电子银行签约申请表、理财业务签约申请表、个人存取款凭证等）、柜台语音提示、柜台自助屏幕显示等方式知晓办理的业务种类和金额，在认真核对无误之后方可在业务回单上签字或者确认；如有任何疑问，也不要觉得麻烦或者难为情，应当场要求银行工作人员进行解释，在完全确认无误后再进行签字确认。

1.2 办理储蓄存款需要注意的问题

1.2.1 存款实名制

为保证个人存款账户的真实性，维护存款人的合法权益，在银行开立个人存款账户实行实名制。也就是说，开立个人存款账户时需提供有效身份证件实名开户，委托他人代办时需同时提供本人和代办人的有效身份证件。

农民朋友需对出具的开户申请资料的真实性和有效性负责，同时也要写清楚通信地址和联系电话，便于银行联系。当开户信息资料发生变更时，要及时通知开户银行。

妥善保管个人身份证件及账户信息

妥善保管自己的身份证件，不要轻易转交他人，更不能出租、出售银行账户，以免被不法分子利用。

当自己的身份证件不慎丢失时要及时向当地公安机关报案，同时申请办理新的身份证。

农民朋友请注意：不可轻信他人，将身份证件交给他人开户！

收到不明信函、电子邮件、手机短信、电话时，要谨慎确认对方身份，不要随便将个人账户等信息告知他人。

1.2.2 妥善设置密码

为账户设置密码是防范储蓄业务风险的一种重要手段，农民朋友应妥善设置和保管账户密码，不要使用过于简单的密码，例如不要使用本人或亲友的生日、手机号码、家庭门牌号以及重复的数字等，不要向他人提供本人储蓄账户密码。

！妥善设置密码，重视密码安全

1.2.3 妥善保管存款凭证

农民朋友应妥善保管储蓄账户的存款凭证（存单、存折、银行卡等），不向他人提供本人储蓄账户的存款凭证，使用储蓄账户的存款凭证时要确认周围环境是否安全。

存款凭证如有丢失，需本人携带身份证件到银行办理书面挂失手续，并补办银行卡、存单或存折。若是身份证与存单、存折或银行卡一起丢失，可先致电银行客户服务热线申请口头挂失，各家商业银行口头挂失有效期不尽相同，口头挂失后应尽快携带身份证件到银行柜台办理正式挂失手续。

1.2.4 预约提款

对于一次性提取 5 万元及以上的大额取款业务，农民朋友需携带本人身份证件到网点柜台办理。有些银行还需要提前至少一天以电话等方式预约，以便银行准备现金。各家银行大额取款业务的起点金额不尽相同，农民朋友在取款 5 万元及以上时，应提前咨询存款银行，以免影响资金使用。

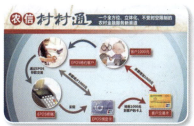

小·贴士

目前不少村或社区位置偏僻、交通不便，没有金融服务机构或缺乏基本金融设施，已有的金融网点和设施也多集中于集镇区域，农村居民支取资金不方便，尤其对习惯小额取款的老年群众来说，需频繁往返集镇和所在村之间，既没有合适的交通工具，又费时费力。为方便农民朋友，真正实现取款不出村，实现"家门口有银行"的目的，各商业银行结合当地实际情况，积极开展金融服务"村村通"工程建设，设立"农村便民金融服务点"，为当地村民提供小额取现、转账汇款、充值缴费、账户查询等基础金融服务。

除基础金融服务外，各行设立的农村便民金融服务点还各有特色，例如能够提供：1.假币识别；2.协助接收当地农户的贷款申请，收集、初步审查贷款申请资料；3.向农民朋友宣传金融知识，推介银行卡、电话银行、网上银行等新型金融工具；4.金融消费维权咨询等服务。

2. 转账汇款

在外务工的小张要给家里汇款，他应该如何操作才能将钱款尽快汇出？他应该注意哪些事项？这就涉及转账汇款业务。

2.1 转账汇款的分类和渠道

转账汇款分为同城同行汇款、同城跨行汇款、异地同行汇款、异地跨行汇款。

同城同行汇款是指同一城市（或区域）范围内同一银行之间的汇款；同城跨行汇款是指同一城市（或区域）范围内不同银行之间的汇款；异地同行汇款是指不同城市（或区域）范围内同一银行之间的汇款；异地跨行汇款是指不同城市（或区域）范围内不同银行之间的汇款。同一城市（或区域）的具体划分范围各地有所不同，在办理转账业务时可以咨询银行确定。

转账汇款可通过以下渠道办理：一是银行网点。由银行柜员操作完成，需要出示身份证、存折或银行卡。二是自助设备（ATM 等）。如果有银行卡的话可直接通过自助设备办理。三是网上银行、手机银行。通常转账费用较之前者较为优惠，但需先开通网上银行或手机银行功能。

2.2 转账汇款的费用和时间

一般来说，同城同行汇款不需要手续费，其他三类转账汇款（同城跨行汇款、异地同行汇款、异地跨行汇款）都需要收取一定的手续费。具体收费标准可查阅银行网点摆放的相关资料，或直接咨询银行工作人员。

各银行转账汇款的到账时间不尽相同，一般来讲，同城及同行转账汇款比异地及跨行转账汇款快，具体情况可咨询汇款银行和收款人开户银行。

小额汇款（单笔 5 万元以下）通过中国人民银行小额批量支付系统完成，该系统 7×24 小时连续运行。通过该系统汇款一般能较快汇到对方账户。需要特别注意的是大额汇款到账时间问题。单笔超过 5 万元（含）的汇款被称为大额汇款，无论从银行柜台还是通过网上银行、手机银行等途径进行的大额汇款都需要通过中国人民银行大额支付系统来实现，该系统在工作日 8:30 至 17:00 运行，双休日和法定节假日关闭。也就是说，在系统运行时间内，办理大额汇款一般都能较快汇到对方账户，而在系统运行时间以外，办理转账汇款一般不能及时到账，紧急调度大额资金的农民朋友需要提前安排好转账汇款的时间。

假设某农民朋友在周六通过柜台汇出一笔6万元的款项，则该款项不能在周末到账，一般要顺延至下周一，待大额支付系统平台开启后，收款人才能收到款项。如果急于将钱汇出，可将6万元分成两次汇出，比如每笔3万元，就可以通过小额批量支付系统完成，及时到账，但汇款手续费会相应增加。

2.3 转账汇款的注意事项

办理转账汇款业务前，要仔细核实收款人的姓名、账号及开户行是否正确，认真输入对方账号，防止汇到错误账户。

汇款后，要保留好汇款回执单，如果是在自助银行操作，也要打印并保留好凭条，作为汇款的证明。

转账汇款前，可以咨询银行人员，弄清楚转账费用，并选择合适的转账方式，尽量降低成本。

不同汇款方式的款项到账时间有差异，建议咨询银行，并及时与收款方联系，确保转账汇款成功。

小贴士

　　邮政汇款分为邮局通知汇款和自行通知汇款。

　　邮局通知汇款指邮局接受汇款人的汇款委托后，以投递取款通知的方式，通知收款人凭取款通知单和有效身份证件支取汇款的业务。自行通知汇款指邮局接受汇款人的汇款委托后，由汇款人自行将汇款信息（汇款金额、汇票号码及取款密码）通知收款人到当地邮局联网网点凭有效身份证件和取款密码支取汇款的业务。无论是邮局通知汇款还是自行通知汇款，收款人均不需要通过银行卡收款，直接到邮局取款即可。

3. 农户贷款

农户贷款是银行、信用社等金融机构向符合贷款条件的农户发放的用于个人消费、生产经营等用途的贷款。贷款的对象是一般承包户和专业户。

贷款利息

农民朋友接受银行贷款的"代价"是付出贷款利息。计算公式：

= 贷款利息 × 贷款利率 × 贷款期限

（具体计算需要结合利率种类、计息方式、还款方式等）

3.1 农户贷款的种类

按信用形式分类，农户贷款分为信用贷款、保证贷款、抵押贷款、质押贷款，以及组合担保方式贷款。在实际业务中，农村金融机构还创新了一些担保方式。以下就常见的农户贷款类型进行说明。

3.1.1 信用贷款

信用贷款是指农户无须提供担保，由农村信用社等金融机构根据农户的基本情况、信用情况以及还款来源、还款能力等进行综合评估后发放的贷款。目前，中国农业银行、中国邮政储蓄银行、部分农村商业银行及农村信用社等均已开办农户信用贷款业务。该项业务是以农户的信誉为保证，向农户发放的、用于满足其农业种植、养殖或其他与农村经济发展有关生产经营资金需求的、金额较小的贷款。

3.1.2 保证贷款

保证贷款是指农村金融机构向农户发放的，由其他自然人、企业等进行保证并承担连带责任的贷款。保证贷款的特点是无须抵押或质押，一般要求借款农户有稳定的收入和良好的资信条件。

为朋友担保需要注意什么？

为朋友或企业担保要了解其实际的财产情况和经营情况，应向银行信贷员了解承担的担保责任的范围和意义。

3.1.3 三权抵押贷款

为满足广大农民朋友的信贷需求，目前正在推行"三权抵押贷款"。"三权抵押贷款"是农村居民房屋产权抵押贷款、农村土地经营权抵押贷款和林权抵押贷款的统称，指银行向农村居民发放的用于居民生产经营的抵押贷款，以农村居民所有房屋建筑产权、依法取得的土地经营权、森林、林木的所有权（或使用权）和林地使用权作为抵押品。

农村居民所有房屋建筑产权作为抵押品

依法取得的土地经营权、森林、林木的所有权作为抵押品

三权抵押贷款

林地使用权作为抵押品

3.1.4 农户联保贷款

农户联保贷款是指农户自愿组成联保小组，由农村信用社等金融机构对联保小组成员发放的，并由联保小组成员相互承担连带保证责任的贷款。如果有一个小组成员没能按时还款，其他小组成员都有义务代为还款。农户联保贷款实行"个人申请、多户联保、周转使用、责任连带、分期还款"的管理办法，是一种特殊类型的保证类贷款。贷款期限一般设定在 3 年以内，贷款额度在 50 万元以内。

农民朋友还可向当地银行咨询了解更多的农村金融服务产品。

农户联保贷款需要注意：如果有一个小组成员没能按时还款，其他小组成员都有义务代为还款。

扩展阅读

创新农户贷款担保方式

安徽某村镇银行为解决农户贷款难问题，设计了一款信贷产品。此贷款产品结合当地实际情况通过"合作社担保＋社员担保"的方式满足当地农户在生产经营、生活消费中的小额信贷需求，具有授信期限长、审批速度快、还款方式多样、借贷方便、循环使用等特点。

农户贷款助致富

四川某养鹿场主人吴某，2010 年自己开始养殖梅花鹿，因资金问题最初只有 5 头，后来在当地银行业金融机构和县梅花鹿专业合作社的支持下，向县信用社申请贷款 5 万多元。县信用社对吴某的经营情况和还款意愿等情况进行了综合评估，最终同意发放贷款。获得贷款支持后，吴某扩大了养殖规模，次年第一次采集鹿茸就收入5.25万元。通过几年的努力，吴某增加了收入，改善了生活。

3.2 农户贷款的流程

3.2.1 贷款的一般流程

贷款申请—贷款调查和审批—签订合同—办理抵（质）押手续（根据需要，有些贷款还需要办理保险等其他手续）—发放贷款—贷款归还—贷款结清办理解除抵（质）押等相关手续。贷款银行、贷款品种不同，办理个人贷款的流程也会有所不同，需要贷款的农民朋友可以向当地银行详细咨询了解。

3.2.2 常见的农户联保贷款流程

成立联保小组—联保小组所有成员共同与贷款金融机构签署联保协议—参加联保小组的借款人向贷款金融机构提出贷款申请—贷款金融机构审查后，与借款人签订借款合同，并附联保协议—贷款发放与使用—借款人按借款合同履行还款义务。

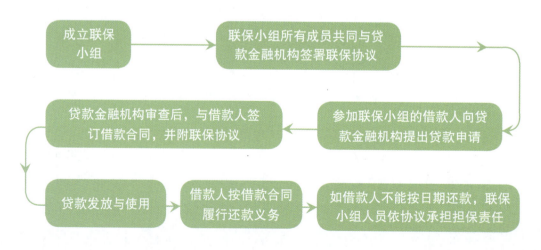

3.3 农户贷款的常见问题

3.3.1 办理贷款需要哪些条件

借款人应具有完全民事行为能力，并且在中国境内有常住户口或有效居住证明；具有固定的职业或者稳定的经济收入，能够保障按期还本付息的能力；无不良信用记录；能够提供银行认可的、合法有效的担保；银行规定的其他条件。一般满足以上条件，就可以向银行提出借款申请。

如果借款人达不到银行规定的相关条件，或者银行经调查、审核后认为不符合本行的贷款条件，有可能无法获取银行贷款。

3.3.2 贷款利率调整了，采用浮动利率的贷款怎么执行

当前，银行发放的贷款大部分都是浮动利率贷款，即在贷款偿还完毕之前，贷款利率会随着中央银行利率的调整而调整。调整方式有三种形式：一是银行利率调整后，贷款利率在第二年的年初执行新调整的利率；二是满年度调整，即每还款满一年调整执行新的利率；三是双方约定，一般在银行利率调整后的次月执行新的利率水平。

3.3.3 贷款到期不还会造成什么后果

借款人一旦不能及时还款，贷款的银行机构会按照借款合同约定加收罚息，进行催收或者委托其他单位催收，并可能依法提起诉讼，要求借款人承担违约责任或赔偿责任。此外，逾期还贷的不良信息还会被记

录到中国人民银行个人征信系统中，影响借款人的个人信用记录。个人不良信用记录将会给农民朋友的生活带来很多麻烦，最直接的影响就是个人贷款、信用卡等业务申请会遭到银行拒绝。

3.3.4 给别人提供担保有什么风险

给别人提供担保，作为担保人会面临代偿风险。如果借款人没有按合同约定偿还债务，那么担保人即使没有使用借款款项，也需要代替偿还贷款。如果是抵（质）押担保人，被用于抵（质）押的财产将被处置用于偿还贷款债务。另外，还可能影响担保人的个人信用记录。所以，请不要轻易为他人作贷款担保。如果给他人作贷款担保，在签订担保合同的同时要清楚自身的权利和义务。

名词解释：

完全民事行为能力：是指在生活生产过程中能完全判断自己的行为，有能力为自己的行为负责。一般年满 18 周岁的成年人，或者年满 16 周岁并且以自己的劳动收入养活自己的人都具备完全民事行为能力。

信用记录：就是"借债还钱，按时还款"的记录，被形象地称为人们的第二张身份证。

罚息：指借款人没有在规定时间内还款，银行根据逾期时间和约定的利率计算并收取的利息。

4. 银行卡

　　银行卡是由银行发行，供持卡人办理存取款、转账、消费等业务的服务工具的总称。各家银行每年都会推出多种不同特点的银行卡，并进行大量营销宣传。与接受其他金融产品和服务一样，在众多选择中，农民朋友一定要根据自身实际需求选择办理银行卡，不要迷信银行宣传，有些功能可能自己并不需要，适合自己的才是最好的。

4.1 银行卡的基本知识

　　银行卡按照是否可以透支分为借记卡和信用卡，按信息载体不同，可分为磁条卡和芯片卡。

　　借记卡属于银行卡的一种，指银行发行的先存款后消费（或取现）、没有透支功能的银行卡。农民朋友在卡内有存款的前提下凭卡和密码在特约商户消费结算，也可在发卡银行指定的营业网点或通过自助设备、电话银行和网上银行等电子渠道按照相关规定办理存取现金、转账汇款和投资理财等金融交易。借记卡不能透支，账户内的金额按活期存款计付利息。

　　使用借记卡可减少现金的使用，使生活更便捷，借记卡一般可实现以下功能：消费支付、转账结算和汇款、代收代付、投资理财、网上银行以及自助服务等。在发卡银行及其他银行的网点和自助设备上都可使用借记卡进行取款、转账、信息查询等。

　　银行卡中，磁条卡占据较大份额，但磁条卡容易被不法分子复制、安全性能低，易消磁。而芯片卡被复制的难度高，具备较强的抗攻击能力，稳定性也比磁条卡更强，不会出现消磁的情况。因此，从2015年起，全国全面推广芯片卡，即银行只能发行芯片卡，不能再发行磁条卡了。但对于存量磁条卡，目前没有强制规定不得使用。对于存量磁条芯片卡，即同时有磁条卡和芯片卡功能的卡种，将关闭磁条交易功能。

　　芯片卡的运行维护需要一定的成本，因此银行可能会收取一定的成本费用。农民朋友在办理芯片卡时可就费用问题咨询发卡银行。

借记卡与存折

部分农民朋友可能更习惯使用存折，实际上与存折相同，借记卡也是对应一个或者多个账户，只是形式不同。存折的优点是能清楚地显示账目明细和款项余额，但只能在开户行的网点办理业务，而借记卡使用范围更广，可在自助设备上使用，也便于随身携带。使用借记卡后，如果需要核对账单的话，可以请银行的工作人员打印账户流水，或是到自助设备上打印明细清单。

4.2 银行卡的安全使用

与现金相比，银行卡是一种安全、快捷的支付手段，目前各银行和相关机构已经采取各种技术手段和安全措施，最大限度地保障持卡人的资金安全。但随着银行卡业务的高速发展，当前银行卡犯罪现象日渐严峻，犯罪手法日趋多样，"克隆"银行卡、信用卡套现、借记卡盗刷、短信电话诈骗等犯罪活动屡见不鲜，因此，在使用银行卡时要具备一些必要的安全意识，了解一些银行卡安全使用知识和常见的犯罪手法，掌握基本的防范技能。另外，在使用银行卡过程中，也可能会遇到一些困扰，需要了解相关知识。

4.2.1 申办银行卡的注意事项

申办银行卡时，农民朋友一定要本人亲自申请、签名，选择到正规的银行网点渠道办理，不要轻易将身份证交与他人代办，以防被冒名办卡。

领取银行卡后，要仔细核对卡片信息是否与本人一致，要在卡片背面签名条上签署姓名。

　　要对银行卡的各类收费情况有总体的了解，清楚银行卡的收费标准和优惠条件，避免不必要的费用支出。

　　要设置容易记、不容易被破解的密码，并注意保密。

　　银行卡和身份证要分开保管，不要将卡片借给他人使用，也不要向他人泄露银行卡信息。

身份证和银行卡我得好好保管。

小贴士

助农取款新产品"银行卡+POS机"

　　"银行卡+POS机"助农取款新产品是指在镇、村指定特约商户服务点布放银行卡受理终端，特约商户垫付现金并通过银行网络实施清算的方式向银行卡持卡人提供小额取现服务，实现"不出村、无风险"即可支取各类涉农补贴、办理外地务工汇款。助农取款服务既简单又容易操作，农民朋友只需持银行卡到助农取款点，按照下述流程即可办理：

出示本人身份证件（代理他人取款的，还需出具持卡人身份证原件），向助农取款服务点提出取款申请→服务点人员接收申请后客户将银行卡交服务点人员→服务点人员通过智付通或POS刷卡并输入取现金额→客户根据服务点人员提示输入银行卡六位密码→成功后机具打印清单→客户核对金额后在交易清单上签字→客户和服务点各留存一份交易清单→服务点人员将等额现金交付客户→客户确认无假币、金额无误后在助农取款"登记簿"上签字确认→交易结束。

"村村通"帮助村民享受金融服务

陕西构元镇留守妇女王某的丈夫常年在西安建筑工地打工，她在家照顾60多岁的婆婆，还要供养上初中的大女儿和2岁的小儿子，丈夫按月把生活费打到卡上，但由于距离银行较远，她取钱很不方便。自从信用社在村里商店安装了POS机，每次就近刷卡取钱，既节省了时间，还省下30多元的车费，方便多了！

4.2.2 刷卡消费的注意事项

农民朋友在商户进行消费时，不要让银行卡离开自己的视线，输入密码时，应该用另一只手或身体挡住操作手势，防止不法分子偷窥。

4.3 一些常见的用卡问题

4.3.1 万一银行卡丢了，怎么办理挂失

为保障持卡人资金安全，银行为借记卡持卡人提供口头挂失和书面挂失两种方式。口头挂失是临时挂失，一般通过拨打发卡银行客户服务电话办理，防止资金被盗用；口头挂失后，要在规定时间（一般是五天）内持有效身份证件到银行柜台办理书面挂失。

4.3.2 个人信息发生变化，怎么更改个人资料

个人重要信息（如通信方式、家庭地址等）发生变化时应及时通过银行指定渠道办理变更手续，确保双方信息沟通顺畅。

4.3.3 使用银行卡时的其他注意事项

一是银行卡保管要妥善。不要将银行卡与手机、磁卡、钥匙等物品放在一起，以免损坏磁条而影响银行卡的正常使用。

二是金融诈骗要警惕。在任何情况下，农民朋友都不要轻信与个人账户相关的陌生电话或短信，更不要随意向陌生人提供银行卡密码或向来历不明的账户转账汇款。

4.4 银行卡的费用

银行卡的费用包括小额账户管理费、年费、异地存款手续费等。

小额账户管理费：目前，如果账户余额低于一定金额，有些银行要收取小额账户管理费，会按季度自动从账户中扣收。因此，建议对于长期不用的存折和银行卡，应尽早销户。

年费：即银行每年固定收取的服务费，普通借记卡的年费一般为 10 元 / 年。

自 2014 年 8 月 1 日起，对于没有享受免收小额账户管理费和年费服务的，银行应根据农民朋友的申请，为其提供一个免收小额账户管理费和年费的借记卡账户。

异地存取款手续费：在异地办理存取款业务时，银行会收取一定数额的手续费，各银行收费标准都不尽相同。

其他费用：包括挂失、补办新卡等费用。

小额账户管理费

小额账户管理费是银行针对日均余额低于一定数额的账户每月收取的费用。一般各家银行都有这个收费项目，具体的数额不同。但根据规定，代发工资账户、退休金账户、低保账户、医保账户、失业保险账户、住房公积金账户等免收小额账户管理费。

扩展阅读：中国农业银行的金穗惠农通工程

1. 金穗惠农通工程提供的服务：在金穗惠农通工程服务点，农业银行布放智付通（即转账电话）、POS机、自助服务终端等电子机具，农户可根据各类电子机具的功能特点办理查询、转账、消费、缴费等传统的电子银行业务。开通助农取款的服务点，还可以办理小额取款特色金融业务服务。如在新农保、新农合等代理业务区域：参保、参合农民可以在服务点办理小额现金支取。

2. 金穗惠农通工程服务点主要类型：（1）"万村千乡市场工程"农家店、供销社、农资连锁店、小超市等商户。（2）电信、联通、移动、电网等运营商网点。（3）村级新农保服务站、新农合定点医疗服务站等农村社保、医保服务机构。

3. 金穗惠农卡

（1）统一申领程序：申请人可向村委会等农业银行合作机构提出办卡申请，申请时须填写申请表，并提供居民身份证和户口簿复印件。村委会等合作机构核实申请人信息后，将申请材料提交所在地农业银行网点进行审核。对于符合发卡条件的，农业银行制卡并将办好的卡片及卡

号清单交村委会等合作机构签收。村委会等合作机构按照清单向申领人配发卡片，并告知卡片的初始密码。持卡人持惠农卡和居民身份证原件到农业银行网点或通过上门服务人员办理卡片激活和修改密码。激活后的惠农卡就可正常使用。

（2）单独申领程序：申请人持本人身份证和户口簿到农业银行网点填写金穗惠农卡申请表即可办理。对于无法通过户口簿确认申请人农户身份的，申请人还需提供村委会等合作机构对其身份证明的介绍信。

（3）费用优惠：惠农卡主卡工本费、交易明细折工本费、小额账户管理费全部免收。惠农卡主卡年费减半收取或全免。

5. 银行理财产品

5.1 银行理财产品的基本知识

　　银行理财产品是由银行自行设计、发行的一种金融产品，银行将筹集到的资金根据产品合同约定进行投资，如购买金融资产并获取投资收益后，按合同约定与购买人分配收益。在市场行情好的情况下，银行理财产品收益一般比同期限储蓄存款高。

实际收益率与预期收益率

　　实际收益率是指购买理财产品持有到期后的真实收益率，预期收益率是指银行测算出的产品预期可能实现的收益率。预期收益率不能等同于实际收益率，并非银行对于理财产品实际回报水平做出的承诺。

预期收益率能否准确计算出实际收益率？

预期收益率不能等同于实际收益率，并非银行对于理财产品实际回报水平做出的承诺。

5.2 银行理财产品的分类

银行理财产品预期收益不是实际收益，实际收益是不确定的，可高可低可零收益，甚至为负收益，即本金亏损，需谨慎购买。具体来说，银行理财产品按收益特征可以划分为保证收益类理财产品和浮动收益类理财产品。

5.2.1 保证收益类理财产品

保证收益类理财产品是指银行按照约定条件，承诺支付固定收益，或银行按照约定条件承诺支付最低收益，实际收益高出承诺收益的部分按照合同约定进行分配的理财产品。保证收益的理财产品包括固定收益理财产品和有最低收益的浮动收益理财产品。前者的收益是固定的，而后者到期后有最低收益。

5.2.2 浮动收益类理财产品

浮动收益类理财产品是指银行按照约定条件，并依据实际投资收益情况确定实际收益的理财产品。在通常情况下，浮动收益类理财产品还被分为保本浮动收益类和非保本浮动收益类理财产品两种情况。

无论是保证收益类理财产品还是浮动收益类理财产品，均包含保本和非保本两种情况。因此，农民朋友在购买理财产品时，应根据理财产品合同具体确定是否保本以及是否保证收益。如果合同不好理解，可以就这些问题直接咨询销售相关理财产品的银行。

保本浮动收益类和非保本浮动收益类理财产品的区别

保本浮动收益类和非保本浮动收益类理财产品均属于浮动收益类理财产品，银行均不保证实际收益水平，两者的区别仅在于银行是否保证本金的安全。前者保证本金安全，后者不保证本金安全。

5.3 银行理财产品与存款的区别

银行理财产品收益具有不确定性，不能将其等同于存款。首先，存款流动性更强。银行存款可以随时支取，流动性强。即使是定期存款，也可随时支取，只是提前支取不能享受定期存款利息。而银行理财产品，是否可以提前终止合同并提取资金，要看合同上的相关约定，虽然有的产品可提前终止，但可能会损失部分本金。其次，银行理财产品风险更大。银行存款无疑是风险最低的理财方式，主要风险来自银行破产。而银行理财产品的风险与所投资的具体领域表现密切相关，可能无法兑现预期收益，甚至产生本金损失。最后，银行理财产品可能收益更高。银行存款利率相对固定，存款收益是确定的。而银行理财产品有固定收益和非固定收益两类，非固定收益产品的最终实际收益视投资表现而定。

5.4 银行理财产品与银行代销产品的区别

银行代销产品，即银行代理销售的由基金公司、保险公司等其他机构设计并承担责任的产品。目前常见的银行代销产品有基金、保险等。

5.5 银行理财产品与代销保险

近年来，经常有媒体报道银行与消费者之间的纠纷事件：消费者打算存到银行的钱，结果却买了保险产品，发现后并为此反悔时，退钱却成了麻烦事。此类纠纷屡见不鲜，代理保险纠纷是当下银行投诉的焦点之一。

银行代理保险是指银行接受保险公司委托，在保险公司授权范围内，依托现有网点、网络代理销售保险产品及提供相关服务。简单来讲，就是保险公司借助银行网点或网络销售保险产品。

在银行购买的保险产品是保险公司的产品。银行仅仅是一个销售渠道，并不是产品的提供者，也不可能为产品的收益和保障提供担保。所以，如果发生理赔或者纠纷，应联系相关保险公司进行处理。

小·提示

农民朋友在银行营业场所咨询、办理相关业务时，可以通过观察着装、工作证、胸牌或向其他工作人员询问等方式确认工作人员身份，并拒绝非银行工作人员提供的各类推介及其他服务。农民朋友可以在银行营业场所购买银行代销金融产品（如基金、保险、理财、信托等）时，通过银行官方网站及营业场所内公告查询此产品的发行方、预期收益、相关风险等重要信息，以确定该产品为银行正规代理销售的金融产品，如有任何疑问可向

您买的保险是我行代理产品，不等同于银行产品，您应联系相关保险公司进行处理。

我在你们银行买的保险为什么不能给我换成钱？

银行工作人员询问。若在银行网站及营业场所公告内未发现该产品的相关信息，则该产品涉嫌违规销售，农民朋友应拒绝购买并立即向银行上级机构反映。

小贴士

识别代销保险中的误导、诱导行为
存单变保单，谎称送保险

要辨别是存款还是保险，最直观的办法就是看最终提供的是存单还是保单。存单一般是单页的，上面会有银行标志和公章，而保单则多是成册的，包括保险条款、投保单等资料，上面印有保险公司名称和公章。

长险短卖

目前银行代理销售的人寿保险产品的保险期间一般都在 5 年及以上，投保人只有按照保险条款约定，长期持有保单方可获得最大的收益，如果退保仅能保证本金不受损失，并不能取得最大收益，而且会缩短保障期限，影响保单效力。一旦中途退保必将造成一定的经济损失。

你说的是长期险种还是短期险种？

您好，我行现有存款送保险的优惠活动。

小贴士

农民朋友在银行营业场所购买银行理财产品和代销产品时，银行工作人员应主动通过录音录像清晰记录业务或产品介绍、风险和关键信息提示、确认和反馈环节。如发现银行工作人员没有对相关环节进行录音录像，或存在选择性暂停录音录像情形时，农民朋友应拒绝购买该金融产品并可向银行网点负责人反映。

5.6 银行理财产品与代销基金

基金是基金管理公司设计、发行的一种金融产品，通过发售基金，汇集众多消费者的资金，由基金管理公司的专业理财人员投资于股票和债券等证券，以实现保值增值目的。代销基金是指银行将自身作为一种销售渠道，代卖基金公司的产品。购买代销基金时应注意以下事项：

不同的分红方式会形成风险和收益的差异，在购买银行代销基金产品时，农民朋友要选择适合自己的分红方式。

在购买银行代销基金产品时，要充分评估自身可承受的风险，依据自身的情况采取相应的投资策略。

应充分了解基金定期定额投资和零存整取等储蓄存款的区别。定期定额投资是长期投资、分摊投资成本的一种简单易行的投资方式，但并不能规避基金投资所固有的风险，既可能获得收益，也可能遭受损失。购买基金不是替代储蓄的等效理财方式。

应该知晓基金不能保证一定盈利，也不保证最低收益。基金管理公司旗下基金的过往业绩及其净值高低并不预示其未来业绩表现。购买基金实行"买者自负"的原则，在做出投资决策后，基金运营状况与基金

净值变化引致的投资风险，由购买者自行承担。

在投资基金前应认真阅读"基金合同"、"招募说明书"等基金法律文件，根据自身风险承受能力选择相适应的基金产品并自行承担投资基金的风险。

农民朋友在办理银行存款和投资金融产品之前，应通过正规途径对银行存款利率和理财产品收益率进行大致了解，对于明显高于一般水平的收益承诺要提高警惕，详细了解预期收益的来源及合法性，同时警惕他人提出的限定取款期限、代管银行卡或网上银行密钥、不得查询等附加条件，提高风险防范意识，切实保护自身资金安全。如遇到上述情形，切勿存在大意和侥幸心理，应及时向银行上级机构反映或到公安机关报案。

6. 个人外汇业务

农民朋友在生活中也可能会接触外汇业务，下面就对个人外汇业务进行一些介绍。

6.1 个人外汇业务的基本知识

个人外汇业务是指个人通过银行办理的外汇收付、外汇买卖及外汇账户开立等业务。常用的外汇买卖的术语是"结售汇"，这是从银行角度来讲的。如果从个人角度来讲，常用的术语是"结汇"和"购汇"。其中，"结汇"就是"卖出外汇"，即个人把从境内外获得的、拥有完全所有权、可以自由支配的外汇收入卖给外汇指定银行或者特许货币兑换机构，外汇指定银行或特许货币兑换机构根据交易行为发生之日的汇率交付等值人民币的行为；"购汇"就是"购买外汇"，即个人向外汇指定银行或特许货币兑换机构购买用于向境外支付的外汇，外汇指定银行或特许货币兑换机构根据交易行为发生之日的汇率收取等值人民币的行为。

6.2 办理个人外汇业务的注意事项

6.2.1 个人结汇、购汇实行年度总额管理

个人结汇和境内个人购汇年度总额分别为每人每年等值5万美元。如确实有需要，在按照国家外汇管理局的要求准备相关证明材料的情况下，办理超过年度总额的结汇和购汇。

6.2.2 办理个人结汇、购汇的手续

个人年度总额内的结汇和购汇，凭本人有效身份证件在银行直接办

理。办理结汇时境内个人应如实申报资金来源，境外个人应如实申报资金用途。办理购汇时，境内个人凭本人有效身份证件并向银行申报用途后办理。

个人年度总额内结汇和购汇，也可委托其直系亲属代为办理，需分别提供委托人和受托人的有效身份证件、委托人的授权书、直系亲属关系证明；超过年度总额的购汇、结汇以及境外个人购汇，可凭相关证明材料委托他人办理。

例如：远在澳大利亚的张女士想给在农村生活的父母汇一笔澳大利亚元，用来补贴父母的生活，那么她汇到其父母账户中的澳大利亚元是现汇，收到现汇的农民朋友需要先将现汇兑换为人民币，即结汇，才能在中国境内消费。

需要注意的是，无论是结汇还是购汇；无论是现钞转为现汇还是现汇转为现钞，银行都会收取一定的费用。

6.2.3 提取外币现钞的手续

个人提取外币现钞当日累计等值 1 万美元（含）以下的，可以在银行直接办理；超过上述金额的，凭本人有效身份证件、提钞用途证明等材料向银行所在地国家外汇管理局派出机构事前报备。银行凭本人有效身份证件和经国家外汇管理局派出机构签章的"提取外币现钞备案表"为个人办理提取外币现钞手续。

小·贴士

什么是现汇和现钞

现汇是指在国际金融市场上可以自由买卖，在国际上得到偿付并可以自由兑换其他国家或地区货币的外汇。简单地说，现汇是指由境外汇入或从境外携入的外币票据，通过转账的形式，存入到个人在银行的账户中。

现钞是指外币现金或以外币现金形式存入银行的款项。

现汇和现钞是外汇资产的两种不同形式、各有优势，并可通过银行相互转换，但需要支付一定的费用。在境外使用时，现汇必须在指定银行转换成现钞才能使用，现钞可以直接在流通的国家或地区使用；在转账方面，现汇可以直接通过银行进行转账，但需要交一定的手续费，现钞需要先到银行转换成现汇，再进行转账，费用一般更高。

7. 电子银行业务

电子银行业务是银行业金融机构利用互联网等电子渠道和终端设备向消费者提供银行产品或服务的方式。

目前,电子银行业务已包括网上银行、手机银行、电话银行、短信银行、自助银行业务等多种服务方式。电子银行往往不受时间和地域的限制,方便快捷,省时省力,已成为常见的金融服务之一。

为了安全起见,农民朋友申请开办全功能电子银行业务时,特别是涉及金额较高资金划转业务的,要携带有效身份证件及银行卡或存折,亲自到银行营业网点办理。下面简要介绍目前常用的电子银行业务。

7.1 网上银行

网上银行是基于互联网的虚拟银行柜台,银行通过互联网向客户提供金融服务。农民朋友可在网上银行进行查询账户余额、交易记录、转账汇款、投资理财和网上支付等,足不出户就能够安全便捷办理开户、查询、对账、同行转账、跨行转账、信用卡开卡、还款和账单管理、缴纳各类费用、管理活期和定期存款、信贷、投资理财等业务。此外,有的银行还在自身的网上银行开辟了网上购物商场,客户可以使用本行借记卡或信用卡进行购物消费。

7.2 电话银行

电话银行是基于电话语音的银行服务，农民朋友只要拨通电话银行的客户服务号码，并输入银行卡账号和密码，就能够得到银行提供的各项金融服务，而不必到银行柜面办理。使用电话银行的服务一般要事先与银行签订合同。电话银行的一般业务功能和服务内容主要包括账户余额查询、账务往来明细及历史账目查询、大额现金提现预约、银行存贷利率查询、银行留言和通知等。

7.3 手机银行

手机银行又称移动银行，主要利用移动通信网络及终端办理相关业务。随着手机的普及，手机银行成为继网上银行、电话银行之后又一种方便快捷的金融业务模式。手机支付是手机银行的一项重要业务，农民朋友可以使用智能手机对所消费的商品或服务进行账务支付，通过移动设备、互联网或者近距离扫描等方式发送支付指令进行支付与转账，方

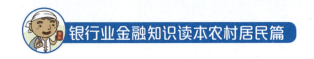

便农民朋友直接办理金融业务。

手机银行并非电话银行。电话银行是基于语音的银行服务，而手机银行是基于手机 APP 软件、短信验证等方式的银行服务。通过电话银行进行的业务都可以通过手机银行实现，包括用户交纳话费、水费、电费等费用，费用划转前需要经过用户确认。由于手机银行采用发送客户短信确认方式，用户可以随时收到银行发送的信息，从而可在任何时间与地点对划转进行确认。此外，手机银行须同时经 SIM 卡和银行账户双重密码确认之后，方可操作，安全性更好。

目前，开通手机银行服务的各商业银行，在费率方便竞相推出优惠措施，所以手机银行服务费率比网上银行和电话银行低。使用手机银行时，一定要注意安全。一般来说，用智能手机登录银行使用完毕后，要确认退出界面。如果分不清各种快捷支付的流程和方式时，请农民朋友拨打各银行客服电话或到银行柜面进行咨询，不要轻易开通后盲目使用。在设置登录密码、交易密码、查询密码时尽量不要"串用"、"通用"。不要告诉任何陌生人密码，不要使用任何陌生人的手机号码开通手机银行，谨防上当受骗。

7.4 微信银行

自腾讯微信开放了微信公众号平台后，国内多数银行推出了微信公众服务号，着力打造"微信银行"概念。服务范围从单一信用卡服务逐渐拓展为集借记卡、信用卡、理财产品业务等为一体的综合服务平台。微信银行的服务内容一般包括金融业务与服务信息的推送、账户余额查询、交易明细查询下载、生活服务类缴费、临时挂失；信用卡账户查询、积分查询、微信红包查询、信用卡还款、购买理财产品、微信客服服务等。农民朋友可以在智能手机上通过微信软件，搜索相关商业银行的公众服务号并加关注后，接收银行推送的服务信息，并在该银行的公众服务号中办理有关银行业务。微信银行的实质是将银行客户端的部分功能移植到微信上，借助微信用户群，实现金融服务的多渠道化与便捷化。基于微信的消息推送功能，客户还可以接收到图片、文字、视频等形式灵活多样的银行服务和业务资讯。

7.5 电子银行操作注意事项

农民朋友使用电子银行业务时，除了注意安全性外，对电子银行的业务规则、自身权益等也应加以关注，比如：农民朋友可以自主决定是否申请使用电子银行业务，自主选择电子银行的渠道种类，如网上银行、手机银行、电话银行等。通过电子银行渠道办理相关交易后，可以在规定的时限内到银行营业网点补登存折或补打交易明细。对涉及收费的电子银行业务，应事先了解、知晓相关收费标准或具体收费金额，以便自主决定是否继续操作该项业务，并最终提交银行业务处理系统。如对电子银行服务有疑问、建议或意见，可拨打银行客服热线、登录银行官方网站或到银行营业网点进行咨询或投诉。对于银行按规定对电子银行服务内容、操作流程或收费标准等进行的调整，若农民朋友不同意接受调整内容，有权向银行申请终止相关电子银行服务，但在申请终止相关电子银行服务之前使用该服务的，仍应当遵守相关调整内容。

到银行营业网点办理电子银行注册、注销、变更等手续，应填写相关申请表（免填单业务除外），提供相关资料，并签名确认。所填写的信息和所提供的资料必须真实、准确、完整。在电子银行服务协议生效期间，所提供的信息如有变动，应主动及时办理有关变更手续。

电子银行交易指令一经确认、执行，不得要求变更或撤销。不得以与第三方发生纠纷为理由拒绝支付应付银行的款项。

8. 识别假币

人民币是我国的法定货币，一些不法分子为了牟取利益，主导或参与制造假币。很多农民朋友由于缺乏对人民币知识的了解，成为假币的受害者。有些农民朋友由于缺乏对法律知识的了解，为了转嫁风险，将收取的假币又花出去，殊不知这样做也违反了法律。假币是危害经济生活的毒瘤，假币的流通损害了人民币的地位和良好信誉，严重干扰了国家的金融秩序，破坏了社会信用原则。下面就以正在市场上流通的第五套人民币为例介绍一下人民币防伪知识。

8.1 假币的类型

假币的类型可分为两大类，即"伪造币"和"变造币"。

8.1.1 伪造币

伪造币是仿照货币的图案、形状、色彩等特征，通过印刷、绘制、拓印、复印等手段制造的假币，伪造币不含有真币的成分。如伪造安全线，是在钞票正面使用灰黑色油墨印刷一个深色线条，背面是用灰色油墨印刷开窗部分，无全息图文，或含有极模糊的"100"字样，此类伪造安全线无磁性特征（见下图）。

① 光变镂空开窗安全线

位于票面正面右侧。垂直票面观察，安全线呈晶红色；与票面成一定角度观察，安全线呈绿色；透光观察，可见安全线中正反交替排列的镂空文字"￥100"。

② 光彩光变数字

位于票面正面中部。垂直票面观察，数字以金色为主；平视观察，数字以绿色为主。随着观察角度的改变，数字颜色在金色和绿色之间交替变化，并可见到一条亮光带上下滚动。

③ 人像水印

位于票面正面左侧空白处。透光观察，可见毛泽东头像。

④ 胶印对印图案

票面正面左下方和背面右下方均有面额数字"100"的局部图案。透光观察，正背面图案组成一个完整的面额数字"100"。

⑤ 横竖双号码

票面正面左下方采用横号码，其冠字和前两位数字为暗红色，后六位数字为黑色；右侧竖号码为蓝色。

⑥ 白水印

位于票面正面横号码下方。迎光观察，可以看到透光性很强的水印面额数字"100"。

⑦ 雕刻凹印

票面正面毛泽东头像、国徽、"中国人民银行"行名、右上角面额数字、百文及背面人民大会堂等均采用雕刻凹印印刷，用手指触摸有明显的凹凸感。

8.1.2 变造币

变造币是指在真币的基础上，利用挖补、揭层、涂改、拼凑、移位、重印等多种方法制作，改变真币形态的假币。变造币中含有真币的成分，如纸张、油墨、安全线等，变造货币的主要目的是为了使其升值和牟利。

8.2 假币的鉴别技巧

识别人民币纸币真伪，通常采用"一看、二摸、三听、四测"的方法：

眼看：用眼睛仔细观察票面外观颜色、固定人像水印、安全线、隐形面额数字、光变油墨面额数字、阴阳互补对印图案等。

手摸：真币的人像、行名、面额数字、团花、主景图案等用手触摸有明显的凹凸感，而假币没有凹凸感，手感平滑。

耳听：人民币的纸张具有挺括、耐折、不易撕裂的特点。手持钞票用力抖动、手指轻弹或两手一张一弛轻轻对称拉动，能听到清脆响亮的

声音。

检测：借助一些简单的工具和专用的仪器来分辨人民币真伪。如借助放大镜可以观察票面线条清晰度、胶印、凹印缩微文字等；用紫外线灯光照射票面，可以观察钞票纸张和油墨的荧光反应；用磁性检测仪检测磁性印记等。

此外，农民朋友在使用人民币，尤其是大额人民币时，要注意运用以上知识和技能识别假币，防范收到假币造成的损失。发现制作、运输、销售假币等违法行为的，要及时向公安机关报案。另外，持有钱币到银行网点办理业务时，如果被发现其中有假币，那么银行人员将及时收回、不予返还。

9. 防范电信诈骗

　　近年来关于电信诈骗的案件不断增多。不法分子往往利用银行结算手段或者电子设备实施诈骗，骗取事主资金。

　　电信诈骗是指不法分子通过电话、短信和网络等方式，编造虚假信息，设置骗局，对事主实施远程、非接触式诈骗，诱使事主给不法分子打款或转账的犯罪行为。按照常见的诈骗形式，电信诈骗可以分为电话、短信诈骗和网络诈骗。

9.1 防范电话、短信诈骗

　　电话、短信诈骗是犯罪分子较为常用的诈骗手段，农民朋友需要仔细分辨，不要轻信。

9.1.1 诈骗手段

通过电话、短信形式实施的常见的诈骗手段有如下几种：

　　（1）冒充社（医）保、银行、电信等工作人员进行诈骗。以社（医）保卡更换、银行卡升级、密码泄露、有线电视欠费、电话欠费等为借口，

诱骗事主将资金汇入他人账户。

（2）冒充公检法工作人员进行诈骗。以法院有传票、邮包内有毒品涉嫌犯罪、洗黑钱等事由需传唤、逮捕或冻结存款等进行恐吓，诱骗事主向陌生账户汇款。

（3）出售非常规商品进行诈骗。以销售廉价飞机票、火车票以及枪支弹药、窃听设备等违禁物品为诱饵，引诱事主打电话咨询，之后以交定金、托运费等进行诈骗。

（4）利用中大奖进行诈骗。通过邮件、电话等方式告知事主中奖，以先汇"个人所得税"、"公证费"、"转账手续费"等理由要求汇款，达到诈骗目的。

（5）利用无抵押贷款进行诈骗。通过提供无抵押贷款，利用一些企业和个人急需周转资金的需求，要求事主（企业）预付利息等进行诈骗。

（6）虚构退税进行诈骗。以汽车、房屋、教育退税为由，要求事主将存款汇入不法分子指定账户。

（7）利用虚假汇款信息进行诈骗。以事主的儿女、房东、债主的名义发送虚假汇款信息，事主如不加以甄别，容易被骗。

（8）冒充黑社会诈骗。打电话告知事主得罪人，只要汇款就可以免除麻烦。

9.1.2 防骗技巧

保持冷静，切勿慌张。遇到陌生人要求向陌生账户汇款的情形，不要轻信对方的身份和理由，要与家人、亲友多商量，或向当地派出所、银行网点、电信营业网点工作人员当面询问，核实对方的身份。

不要轻易相信来电显示号码。不法分子通过软件可以任意设置来电号码，所谓的"固定电话"很可能是捆绑了不法分子手机的虚拟电话，如公安部门的"110"电话不会主动拨打群众的电话。

对于自己不熟悉的业务，要咨询清楚后再使用。如使用自助机具或网上银行进行转账，可在专业人员的指导下使用。

不要轻易泄露银行卡密码，警惕要求说出自己身份证信息和银行卡信息的情况。

公安民警、税务局工作人员不会打电话指导被害人如何转账、设密码。公安部门也不可能提供所谓的"安全账户"。

★案例：冒充国家机关工作人员诈骗

市民林先生接到一个陌生男子的电话，对方自称税务人员，说国家正在进行税务改革，可以退 9900 多元购房款，但需缴纳相应税款。林先生听到对方准确地说出了自己的姓名和家庭地址，连女儿的名字都知道，

林先生就相信了。按照陌生男子的指示，林先生来到附近的一家银行，正准备按提示汇款时，银行大堂经理走了过来，听完叙述后告知林先生这是一个常见骗局，林先生才避免被骗。

9.2 防范网络诈骗

随着互联网的发展和普及，各种形式的网络诈骗也层出不穷，需要农民朋友在上网时提高风险防范意识。

9.2.1 诈骗手段

常见的网络诈骗手段有如下几种：

（1）假冒好友

骗子通过各种方法盗窃 QQ 号、微信号或者邮箱账号密码后，向事主的好友、联系人发布信息，声称遇到紧急情况或需要借钱，将钱汇款到其指定账户。遇到此类情况，头脑中务必多一根弦，及时通过电话等方式联系到本人，确认消息是否源自好友或联系人，避免上当。

（2）网络钓鱼

"网络钓鱼"是指不法分子仿造网上银行网页或假冒银行名义，盗取网民的银行账号、密码和其他个人资料，然后以转账汇款、网上购物等方式盗取资金。通常有两种作案手法：一是诈骗分子大量发送欺诈性垃圾邮件，这些邮件多以中奖、顾问、对账等内容引诱用户在邮件中填入金融账号和密码，或是引诱网民登录某网页提交用户名、密码、身份证号、信用卡号等信息，继而盗窃用户资金。二是不法分子建立起域名和网页内容都与真正网站极为相似的钓鱼网站，如机票购买网站、考试报名网站等，引诱用户输入账号密码等信息，进而盗窃网民资金。还有的利用合法网站的漏洞，在网页中插入恶意代码，屏蔽一些可以用来辨别网站真假的重要信息，以窃取用户信息。

（3）网银升级诈骗

有的不法分子发送网银升级、信用卡升级、网银密码升级等虚假信息，诱骗事主登录与银行官方网址相似的"钓鱼网站"，从而窃取事主的登录账户和密码口令。一旦得手，不法分子迅速通过网上转账将事主账户内的资金转走。当事主发现账户资金被盗时往往已错失破案时机，加之多数民众对这种新型的诈骗犯罪手法尚不了解，防范意识和能力很低，极易上当受骗，造成重大经济损失。

（4）网购诈骗

随着互联网的普及，方便、快捷的网上购物形式逐渐受到消费者青睐，一些不法分子利用消费者网络安全意识不强等因素，实施网络购物诈骗。目前有八种常见的网购诈骗形式：一是谎称其货品为走私物品或海关罚没物品，要求受害者支付一定的保证金、押金、定金；二是谎称受害者下订单时卡单，要求重新支付或重新下订单；三是谎称支付系统正在维护，要求受害者直接将钱汇到其指定的银行账户中；四是谎称购物网站系统故障，要求受害者重新支付；五是谎称网店正在搞促销、抽奖活动，需要交纳一定的手续费等；六是受害者在网购飞机票时，嫌疑人谎称身份信息有误，要求重新支付购票款；七是谎称需要进行资质验证，要求支付验证资质费；八是谎称店内无货，朋友的店里有货，于是推荐一个看似差不多的网址。

9.2.2 防骗技巧

防范网络诈骗，应注意两个主要方面：一是链接要安全。在网上提交任何关于自己的敏感信息或私人信息，尤其是信用卡卡号之前，一定要确认数据已经加密，并且是通过安全链接传输的。二是保护电脑安全。确保电脑防火墙、防毒软件等维持最新更新状态，以防各类病毒或木马侵入。在线进行大额度交易前，最好先查查电脑是否中毒。

【三字经】防范诈骗 保护财产

电话骗　短信诓　未核实　不转钱

喜中奖　需冷静　骗子多　勿轻信

重隐私　藏信息　拒诱惑　辨真伪

多警惕　多防范　不贪心　不受骗

10. 防范非法集资

非法集资是指单位或者个人未经有关部门批准，向社会公众筹集资金，并承诺在一定期限内以货币、实物以及其他方式向出资人还本付息或给予回报。

民间借贷和非法集资是不同的概念。民间借贷是指公民之间、公民与法人之间、公民与其他组织之间的借钱、还款行为，双方当事人意思表示真实，相应产生的抵押有效，借款利率不得超过借款时人民银行设定的贷款基准利率的四倍。

非法集资承诺的利率或收益一般较高，且常以发行股票、债券、彩票、投资基金证券或者其他债权凭证的形式向公众吸收资金，是不受法律保护的。农民朋友要对自己的行为负责，不参与非法集资活动。

10.1 非法集资的危害

大量铁的事实和血的教训证明：非法集资是陷阱，而不是"馅饼"。它吞噬消费者的血汗钱，是严重危害国家、社会和人民合法权益的违法犯罪活动。主要有三大危害：

一是扰乱市场经济秩序。非法集资涉及地区广、人员多、形式多样、资金大，诱骗了大量社会公众，吸纳了大量社会资金，严重破坏了市场经济的健康和谐发展。

二是危害国家安全和社会稳定。被骗参与非法集资者多为城市退休、下岗或无业人员、农民等，在校学生、少数民族群众等被骗参与非法集资的情况也日益突出。非法集资组织者经常唆使参与人员阻挠、对抗执法部门，甚至和黑社会组织交织在一起，不但极大地损害群众利益，还进一步激化社会矛盾，危害国家安全与社会和谐稳定。

三是参与非法集资的当事人会遭受经济损失，甚至血本无归。用于非法集资的钱可能是参与人一辈子节衣缩食省下来的，也可能是养命钱，而非法集资人对这些资金则是任意挥霍、浪费、转移或者非法占有，参与人很难收回资金。

10.2 非法集资的常见形式

非法集资情况复杂，表现形式多样，手段隐蔽，欺骗性很强。从当前案发情况看，具体表现形式有：

（1）借种植、养殖、项目开发、庄园开发、生态环保投资等名义非法集资。

（2）以发行或变相发行股票、债券、彩票、投资基金等权利凭证或者以期货交易、典当为名进行非法集资。

（3）通过认领股份、入股分红进行非法集资。

（4）通过会员卡、会员证、席位证、优惠卡、消费卡等方式进行非法集资。

（5）以商品销售与返租、回购与转让、发展会员、商家加盟与"快速积分法"等方式进行非法集资。

（6）利用民间"会"、"社"等组织或者地下钱庄进行非法集资。

（7）利用现代电子网络技术构造的"虚拟"产品，如"电子商铺"、"电子百货"投资委托经营、到期回购等方式进行非法集资。

（8）对物业、地产等资产进行等分分割，通过出售其份额的处置权进行非法集资。

（9）以签订商品经销合同等形式进行非法集资。

（10）利用传销或秘密串联形式非法集资。

（11）利用互联网设立投资基金形式非法集资。

（12）利用"电子黄金投资"形式非法集资。

10.3 防范非法集资

如果农民朋友遇到以高额回报吸引投资的情况时（一般宣传的投资收益率在 15% 以上），一定要保持冷静，要认识到"天上不会掉馅饼"，高收益往往伴随着高风险，不要盲目相信宣传或贪图其承诺的收益而做出不明智的选择。要与家人、朋友多商量，可以去银行或当地政府部门咨询相关情况，并深入了解项目情况。如果项目是投资于自己不熟悉的领域，或者发现宣传用语中有夸大用词、炒作概念等情况的，更要谨慎对待。

农民朋友要增强风险自担意识。根据我国法律法规，非法集资是违法活动，参与者投入非法集资的资金及相关利益不受法律保护，因参与非法集资活动受到的损失，由参与者自行承担。因此，当一些单位或个人以高额投资回报兜售高息存款、股票、债券、基金和开发项目时，一定要认真识别，谨慎投资。

知识扩展

自 2015 年 9 月 1 日开始实施的《最高人民法院关于审理民间借贷案件适用法律若干问题的规定》将民间借贷画两道红线划分三区间：

"司法保护区"：对于年利率 24% 及其以下的民间借贷利息属于"司法保护区"，法院应当予以保护。

"自然债务区"：对于当事人约定的年利率为 24%～36% 之间的部分属于"自然债务区"，即这部分利息为自然之债，不得经由诉讼程序、国家强制力得以执行。如果债务人已经履行的，债权人也不得要求返还。

"无效区"：对于年利率超过 36% 的民间借贷利息，其超出部分属于"无效区"，法院将对超出部分的约定认定为无效，即便债务人已经偿还也可请求债权人予以返还。

★案例1：承诺高额回报

钮某某与丈夫郑某为骗取社会资金，对外宣称：公司在某县经营大片葡萄园，还筹建葡萄酒厂等项目，有极高的收益。在对外虚假宣传的同时，以每月25%的高息作为诱饵，吸纳资金。最初的观望者，小额资金投入，果然按月拿到25%的回报，随后大笔资金投入。为了进一步骗取资金，钮某某、郑某二人承诺投资回报是每天2.5%的利息，这样一来，投资更加疯狂。实际上，偿还投资人的利息全部来源于后来的投资者，最终钮某某、郑某二人以投资为名，非法集资2000余万元。案发后，钮某某因犯有集资诈骗罪被北京市第二中级人民法院判处无期徒刑。郑某被判处有期徒刑12年，但众多投资人约800万元的巨大损失却难以追回了。

★案例2：编造虚假项目

平谷大桃闻名全国。农户辛勤劳作，既丰富城市居民的"果篮子"，又能提高自己的收入。但是2003年至2005年，一伙不法之徒打着"绿色农业"、"国际品牌"的旗号，以开发万亩桃园为幌子，大肆集资诈骗，这就是轰动一时的王某等人集资诈骗案。

王某文化程度不高，曾在某部队三产工作过，发财欲望强烈，挖空心思，想做一番大事业。后经朋友介绍，王某碰到东北"资金运作高手"任某某、徐某某，商量筹集资金干大事，于是策划出"东北集资，投资桃园"的方案。2003年初，任某某、徐某某从东北某地高息集资2000余万元，王某从中拿出1000万元，运作承包平谷桃园项目。之后，王某找到平谷区某村，说明来意，几经商谈，王某注册了北京某农业高科技有限公司，与村委会签订承包合同。根据合同规定，王某应缴纳1500万元承包费，取得该村2000亩地桃园20年经营权。当时王某缴纳250万元定金，其余费用始终没有支付。就是在此情况下，王某以公司名义对外宣称：公司投资高科技项目，拥有万亩桃园，产品出口国外，投资人购买桃树，

有高额回报等，欺骗广大投资人。2003 年 12 月至 2005 年 1 月间，王某等人以 A 公司名义，在北京地区与 4100 余人签订"承包优质大桃合同"等方式，骗取投资者投资款共计人民币 3100 余万元。在河北省冀中地区，与 200 余人签订合同，骗取投资者投资款共计人民币 1000 余万元。所骗取资金用于归还前期东北高息借款、支付投资人高额利息、中间人奖励等。最终，王某等人被举报抓获。

【三字经】非法集资

私集资 → 违法律 → 骗钱财 → 危害大

巧立名 → 伪包装 → 形式多 → 隐藏深

空承诺 → 难兑现 → 假宣传 → 高利诱

冷静辨 → 莫受骗 → 远诱惑 → 保安全

11. 合法维权

在实际生活中，人们与银行交往越来越多、联系越来越紧密，银行和消费者之间，有时也难免产生纠纷，甚至侵权情形，不仅影响了消费者安全、便捷地接受银行服务，也影响了银行声誉和形象。如果遇到这种纠纷事项时，消费者既不能"忍气吞声"，闷头吃哑巴亏，也不能采取吵闹等非理性、过激手段。要积极、理性地维护自身的合法权益。

11.1 维权原则

建议农民朋友在维护自身权利时按照以下原则妥善解决问题：

11.1.1 冷静对待，耐心沟通

银行业务的专业性较强，农民朋友对银行产品、服务、政策等了解

的可能不尽全面，所以，有时出现纠纷并非是银行机构"有意侵权"，而很可能是农民朋友不知晓相关业务规定导致的误解和隔阂。如果在办理业务时有疑问，应尽量准确、及时地向银行讲明意见，要求银行进行解释，尽量通过良好沟通，找到纠纷产生的原因，分清责任，有效处理问题。

11.1.2 通过和解方式快速解决

一般情况下，与银行的纠纷大多集中在柜面服务质量、信用卡、理财业务等方面。有的银行已针对容易产生纠纷的业务制订了应急预案或快速理赔方案，农民朋友可以加强与当事银行的协调、沟通，找到双方都满意的解决办法，通过和解方式处理纠纷的成本低、效率高。

11.2 维权的途径

如果农民朋友对银行的某些产品和服务有意见，或者认为自己的合法权益受到侵害，在与当事银行无法通过沟通、和解达成一致的情况下，可通过以下途径和方式进一步表达诉求、维护合法权益。

11.2.1 向银行业金融机构投诉

农民朋友可以向银行的客户服务部门和上级行进行投诉，争取在银行层面解决纠纷。比如，在当地信用社办理业务时发生纠纷，无法当场解决，可以拨打当地信用社的客户投诉电话，或者向省农信联社投诉，投诉电话可在银行网点或者网站查询。投诉时，应注意以下问题：一是要整理证据和信息，比如账户、保险单号、开户时间、被投诉银行机构（人）信息等，在投诉时交给银行，同时提供自己的个人信息、联系方式；二是要说明过程和要求，详细说明投诉事项的发生过程，提出自己的要求，比如是退款、赔偿还是道歉等；三是要给予处理时间，银行处理消费者诉求有一定的流程，需要一定的时间来调查取证和处理；四是要记录过程，在投诉的每一个阶段都要记下和自己沟通过的银行员工名字、工号、沟通日期和沟通结果，保存好银行的书面或邮件答复，如果无法在银行层面解决，可以为后续维权做好准备。

有的银行已经在网点公示了其客服电话和投诉电话，还可以查看银行网点的宣传折页或咨询工作人员了解投诉电话，或者通过114服务、银行网站来查询服务、投诉电话。

11.2.2 向银行业监管部门投诉

中国银行业监督管理委员会是银行业的监督管理部门。如果农民朋友对银行机构的产品、服务不满，或对银行人员的态度、行为及银行环境、设施不满，或认为银行在提供产品和服务时侵犯了自身合法权益，在向银行反映相关诉求无果的情况下，可向当地银行业监管部门投诉和反映。

向银监部门投诉时的注意事项

（1）首先向银行投诉，对银行处理结果不满意时再向监管部门投诉。银行是投诉处理的主体，一般都建立了比较完善的投诉流程和体系，是实现投诉事项得到有效快速解决的重要渠道。

（2）向当地监管部门反映，即向产生纠纷的银行所在地的银监（分）局投诉。与上级监管部门相比，当地监管部门能够更及时地调查核实，了解情况，并做出调解处理。

（3）向监管部门进行投诉最好采用书面形式，并提供有关证据和信息，详述事件及性质，以及诉求等，监管部门将按照规定流程处理，认真进行调查核实。

投诉的渠道

向银行投诉	向产生纠纷的银行所在地的银监（分）局投诉	向监管部门进行投诉最好采用书面形式

11.2.3 向法院提起诉讼

农民朋友权益受到损害时，特别是人身和重大财产受到侵害时，可向人民法院起诉。在一般情况下，应当向银行所在地的人民法院提起诉讼。金融产品和服务知识及有关法律知识具有专业性，农民朋友可以视情况聘请专业律师，以更好地主张和维护自己的合法权益。

后记

农村金融是我国金融体系的重要组成部分，是支持服务"三农"发展战略的重要力量。近年来，我国农村金融取得长足发展，初步形成了多层次、较完善的农村金融体系，服务覆盖面不断扩大，服务水平不断提高，但总体上看，农村金融仍是整个金融体系中最为薄弱的环节。如何让金融知识能够更多地走进乡村，使广大农村居民紧跟金融发展的时代潮流，享受金融发展带来的生产与生活便利，掌握维护自身合法权益必知的金融法律知识，始终是我国银行业监管部门的工作重心之一。

在此背景下，在有关方面的支持下，本书编写组完成了《银行业金融知识读本农村居民篇》一书的编写工作，以满足我国农村居民基本金融知识的需求，为银行业消费者权益保护宣传教育工作提供必要的普及读物。本书紧密围绕我国农村居民日常生产生活，提供具有农村特色的金融产品与服务介绍，并重点普及金融安全知识，帮助农村居民读者防范各类金融诈骗。与此同时，本书也简要介绍了银行理财产品、电子银行业务的有关知识，方便农民朋友使用和享受日益丰富的金融产品和服务。

本书在编写过程中得到了北京、天津、河北、安徽、山东、宁波、青岛银监局和中国工商银行、中国建设银行、中国邮政储蓄银行、华夏银行同仁的大力支持，中国金融出版社的专业人士为本书绘制了精美的漫画，感谢他们为本书的顺利出版付出的辛苦劳动。

此外，由于成书时间仓促，专业水平有限，书中的不当之处还请广大读者批评指正。

本书编写组